AF329291

LE GRAND

PÉTITIONNEMENT

MONARCHIQUE

OU

LE SEUL VRAI, NÉCESSAIRE ET LÉGITIME PLÉBISCITE

(FAISANT SUITE A LA *Lettre d'un Electeur*..... nov. 1872
ET A *La Question capitale*..... nov. 1873.)

« Tout pour la France, par la France et
avec la France..... »

« La parole est à la France, et l'heure
à Dieu....., »

(*Paroles du Roi, manifestes des* 9 oct. 1870
et 8 mai 1871.)

————◆————

CARPENTRAS

IMPRIMERIE P. PRIÈRE, SUCCESSEUR DE L. DEVILLARIO

1874

LE GRAND
PÉTITIONNEMENT
MONARCHIQUE

OU

LE SEUL VRAI, NÉCESSAIRE ET LÉGITIME PLÉBISCITE

(FAISANT SUITE A LA *Lettre d'un Electeur*..... nov. 1872
ET A *La Question capitale*..... nov. 1873.)

« Tout pour la France, par la France et
avec la France. . . . . »

« La parole est à la France, et l'heure
à Dieu. . . . . »

(*Paroles du Roi, manifestes des 9 oct. 1870
et 8 mai 1871.*)

———◆———

CARPENTRAS

IMPRIMERIE P. PRIÈRE, SUCCESSEUR DE L. DEVILLARIO

1874

LE GRAND

PÉTITIONNEMENT MONARCHIQUE

> *Deum timete; — Regem honorificate.*
> (Ep. de S. Pierre, ch. 2, v. 17.)
>
> *Instaurare omnia in Christo.*
> (S. Paul.)

Le 16 mai 1871, l'Assemblée nationale rendait le décret suivant :

« L'Assemblée nationale, profondément » émue des douleurs de la patrie, décrète :

» Des prières publiques seront demandées » dans toute la France pour supplier Dieu » d'apaiser nos discordes civiles et de mettre » un terme aux maux qui nous affligent. »

Pour la première fois, depuis bien longtemps, le pouvoir souverain de la France, confié à une Assemblée, se plaçait résolûment en travers du courant révolutionnaire, qui est la négation de Dieu et de son Eglise ; et comme tout le corps, — le corps social aussi bien que tout autre —, reçoit et accomplit les impulsions, les inspirations de la tête, soudain et de toutes parts, dans le pays, se produisirent des manifestations religieuses magnifiques et imposantes, qui témoignaient que la Nation allait bientot redevenir elle-même, en cessant de vouloir *se changer en bête*, — en rentrant franchement dans la voie catholique et monarchique, — c'est-à-dire dans les conditions de sa vraie et naturelle constitution.

Par malheur, l'Assemblée, — qui avait déjà commis la FAUTE ÉNORME de ne point proclamer cette constitution dès les premiers jours de sa réunion à Bordeaux, en ne se souvenant. point assez que tout un grand peuple, sous le coup, à ce moment, des plus effroyables catastrophes, ne l'avait nommée que pour le délivrer de la Révolution, de laquelle elles étaient sorties, une à une, comme autant de conséquences inévitables d'un même principe, comme autant de coups de foudre de la divine justice —, par malheur, cette Assemblée avait confié le gouvernement aux mains d'un homme qui, bien loin d'avoir pu s'associer au sentiment, si noble et si éminemment français,

qui avait dicté le décret du 16 mai, n'avait
jamais cessé d'être une des plus vivantes in-
carnations de l'esprit révolutionnaire.....

Aussi, avec cette impulsion fatale, bien que
fort habile, au point de vue de la manipula-
tion des affaires matérielles du pays, — avec
ce souffle impur, la France se sentit glisser
de nouveau dans l'ornière révolutionnaire,
qui est la voie de la *guerre à Dieu et à son
Eglise :* d'autant plus coupable, désormais,
de ce hideux *péché de révolution* que, après
tant de démonstrations, si frappantes et si
décisives, elle n'avait plus aucune des ex-
cuses de l'illusion et de l'erreur : démoralisée,
abâtardie de jour en jour davantage par le
travail incessant et machiavélique que se don-
nait partout la haute ou basse administration
du pays (1), pour éloigner d'elle toute pensée
de revenir au *droit chemin,* c'est-à-dire à sa
vraie, naturelle et unique constitution, la
malheureuse Nation ne présentait partout que
des signes certains de décomposition sociale,
à bref délai ; elle commençait à ne plus cher-
cher qu'aux alentours du bagne ses députés

(1) Les administrations municipales surtout !

et mandataires à élire ; de nouveau, l'abîme apparaissait béant.

Mais un rayon de la pitié miséricordieuse d'En-Haut se montra tout à coup, le 24 mai dernier ; c'était encore une effluve de la grâce divine venant illuminer l'âme du coupable : c'était une nouvelle halte dans la voie révolutionnaire.

Allait-on rentrer enfin, virilement, glorieusement, dans le droit chemin ? Allait-on finalement rendre à cette infortunée patrie son vrai droit national, — unique condition de sa vie et de sa grandeur dans le monde ? Allait-on proclamer la Royauté légitime, cette grande institution, SEULE capable de nous réconcilier avec Dieu et de nous relever, conséquemment, dans l'ordre moral : puisque, chez nous, bien mieux que partout ailleurs et à cette heure de notre histoire, le cri de VIVE LE ROI ! n'est autre chose qu'un *acte de foi et d'amende honorable*, — car il signifie : « ARRIÈRE A LA RÉVOLUTION ! PARDON ET MISÉ- » RICORDE, SEIGNEUR, POUR LES CRIMES SANS » NOMBRE QU'ELLE NOUS A FAIT COMMETTRE ! »

Allait-on restituer enfin à ce corps social qui est la France sa vraie tête, — celle que qu'nulle autre ne remplacera jamais : parce que toute autre tête sera toujours une tête d'emprunt et *contre-nature ?*

On le crut et on eut bien raison, un instant, de le croire : on voyait partout les meilleurs signes, — un grand et généreux mouvement, un vrai et universel retour vers la Royauté légitime, se manifestaient dans tous les rangs de la société française ; — et, comme nouvelle et irréfutable démonstration que là, *et là seulement,* se trouve notre voie de salut, de prospérité et d'honneur, *nos ennemis,* du dehors et du dedans, *rugissaient de rage, impuissante et cynique* (1).

Le Roi lui-même pensa que l'heure du grand acte de restauration nationale et de ré-

(1) C'est le même sentiment honteux et abominable qui, à l'heure présente, les fait tressaillir d'aise et de satisfaction à la nouvelle que les canons fournis à foison par une puissance, qui ne respecte rien et dans laquelle paraît s'être incarné le génie du mal, ont finalement triomphé de la constance des carlistes espagnols, et retardé soudain les succès de cette sainte cause ; sans s'arrêter, le moins du monde, — les malheureux ! — à cette pensée, si douloureuse pour toute âme française, que les canons Krupp nous ont passé sur le ventre, et qu'il nous faut, impuissants et brisés, dévorer l'affront de cette flagrante violation des lois de la neutralité !...

paration était venue ; — et, sans plus tarder,
il se rendit à Versailles.

O modicæ fidei !... la même Droite, qui
demeura calme et silencieuse, en entendant
les deux ou trois dédaigneuses paroles, par
lesquelles, dans la séance du 18 mars dernier,
M. le duc de Broglie répondit aux affirma-
tions, si parfaitement françaises et royalistes,
de M. Cazenoves de Pradines, — cette même
Droite, qui ne crut pas devoir se lever en
masse et crier : « Non, Monsieur le Ministre,
» cette opinion n'est point *personnelle* à M.
» Cazenoves, car ELLE EST AUSSI, très-ferme-
» ment, très-résolûment, LA NÔTRE !... », —
cette Droite, sauf quelques exceptions, éminemment honorables, — dont l'histoire se sou-
viendra, — n'a pas eu le moindre élan de gé-
néreuse ardeur, d'enthousiasme et de foi pour
sauver la France, en acclamant son Roi, qui
venait à elle !!!...

Hélas ! c'est que, une fois de plus, le Satan
de la Révolution se montrait en habits brodés
et en gants jaunes, — prenant toutes les al-
lures de la plus inaltérable sérénité, comme
du plus pur patriotisme, — se faisant doctri-

naire, disert et policé, au point d'être presque méconnaissable et de tromper les naïfs :

« *Monstra maris Sirenes erant quæ voce canorâ* »,

Surtout, les baquets d'eau froide du plus odieux scepticisme ont abondé sur la tête et sur le cœur de tous ceux dans l'âme desquels on pouvait redouter encore l'existence de quelque étincelle de ce feu sacré de la foi religieuse et politique, qui, SEULE, (oui, SEULE, entendez-vous !) doit nous sauver ! — Le Roi lui-même n'était pas épargné ;... ces EXCELLENTS ROYALISTES blâmaient, en des termes quelquefois indignes, ce qu'ils appelaient son obstination, son entêtement à garder son *chiffon blanc*, en disant : « Après tout, il » fait bien, — c'est la couleur qui convient » aux enfants. » — Qui ne reconnaît là les catholiques libéraux ! vraie secte, que notre grand pontife Pie IX considère comme tout aussi funeste au triomphe de la vérité que les scribes et les pharisiens eux-mêmes, si sévèrement qualifiés dans l'Evangile ! (1)

Gens au cœur dur et glacé, qui n'êtes point du tout émus et touchés en présence de ces

(1) *Progenies viperarum...* N'ont-ils pas perdu la nation juive ? — Nos scribes et nos pharisiens modernes ne s'acharnent-ils pas eux aussi, très diaboliquement, à perdre la France ?...

deux grandes figures de PIE IX ET DU ROI TRÈS-CHRÉTIEN, devenus, à cette heure suprême, comme les derniers et imprenables refuges DU DROIT ET DE LA VÉRITÉ dans le monde !... Ah ! ils auraient dû abaisser leur front vénérable et auguste devant vos ambitieuses et misérables combinaisons !... Est-il possible que votre fol et incurable orgueil ait pu l'espérer un seul instant ? — Oh ! de grâce, frappez-vous la poitrine, revenez humblement et chrétiennement à DIEU et au ROI : il en est temps encore !...

Le 20 novembre s'est fait !...

On a fait et agi, ce jour-là, tout comme si on avait dit : « Décrétons formellement que » nous resterons *sept années* encore hors de » notre vrai droit national, — hors *de la voie droite* (car, pour les nations comme pour les individus, il y a une *voie droite*, et malheur à qui s'en éloigne, sciemment surtout, et *ne se* » *hâte point* d'y revenir !), décrétons que, sept » ans encore, nous croupirons dans ce vieux » péché national, par l'infection duquel, pour-» tant, nous nous sentons mourir, et qui n'est » autre (nous le savons bien !) que la Révolu-» tion !... Aggravons ainsi très-sciemment » notre crime, sans craindre, en aucune fa-

» çoń, les fruits de démoralisation et de mort
» que produira partout, dans les masses, une
» semblable conduite, sans redouter aucune-
» ment le retour prochain des divines ven-
» geances ! — Il est vrai, dans l'état d'abais-
» sement et de douloureuse impuissance où
» nous sommes, cette grande âme de la France
» catholique, destinée de Dieu à être, parmi
» les nations, comme le porte-drapeau et le
» valeureux soutien du monde moral, reli-
» gieux et politique, — cette âme se brise,
» s'affaisse, se dénature et s'amoindrit de jour
» en jour davantage ;... et le moment n'est pas
» loin où on ne la reconnaîtra plus daus la
» poussière de la plus irrémédiable dissolu-
» tion ;... — il est vrai que, à la faveur de cette
» agonie, se dressent et se soulèvent, de toutes
» parts, les agents et les éléments les plus des-
» tructeurs des vrais principes qui font vivre
» et qui sauvent les sociétés (1). Tout cela est
» vrai, nous le voyons bien ; mais le moment
» n'est point venu de sortir de toute cette
» boue ! — il nous va, — il nous convient
» d'y rester et d'y retenir la nation *sept an-*

---

(1) *Astiteruat reges terræ, et principes convenerunt iu unum adversus Dominum et adversus Christum ejus.*

(Act. des Ap., ch. IV, verset 26.)

» *nées* encore !... Oui, demeurons sept années
» encore sans force et sans honneur dans le
» monde, — sans aucune alliance possible et
» sous les pieds du Prussien, toujours mena-
» çant et avide !... — Calmes et froids, con-
» fiants dans notre habileté, travaillons bra-
» vement et sans honte à créer, à établir un
» *droit contrele droit.* »

Comme si nous ne savions pas encore assez,
à cette heure de suprême angoisse, où nous
mène cette habileté !...

Comme s'il était nécessaire de fixer la durée
de notre confiance absolue dans la loyauté
chevaleresque de M. le Maréchal de Mac-
Mahon !

Comme s'il ne devait pas être démontré
bientôt, même aux moins clairvoyants et aux
plus endurcis, que ce pouvoir, — suffisam-
ment créé, établi, *caractérisé,* — suffisam-
ment recommandé au respect et à la vénéra-
tion de tous, le 24 mai dernier, — n'avait pas
besoin d'être *constitué à nouveau* et limité
pour sa durée, — et que cette conception du
septennat, qui heureusement n'est point dans
la loi votée ce jour-là, ne serait qu'une nouvelle œuvre de ceux que l'on a appelés les

habiles de la politique !!! ne serait qu'une sorte de *serre-chaude,* où les plus monstrueuses idées politiques pourraient germer et se développer à l'aise, en haut comme en bas. (1)

Au fond de ce sac, dont M. le duc de Broglie voudrait bien serrer les cordons, sous les noms de *lois organiques,* de *constitution,* etc., (2) que fera désormais la Droite légitimiste ? — Faudra-t-il qu'elle y étouffe et qu'elle y périsse, impuissante et déshonorée, avec les dernières espérances de la patrie aux abois ?

(1) Par exemple, celle de l'*Empire* !... Un des signes les plus frappants de l'état de profonde démoralisation et d'épouvantable affolement où nous sommes, c'est que, non-seulement des gens sans culture d'esprit et sans raisonnement, mais encore de *vrais personnages,* aient conçu la pensée sérieuse de rétablir en France le *régime impérial,* — ou soit, de faire reprendre à cette nation infortunée ce vomissement sous le poids duquel ses entrailles se sont brisées [*canis reversus ad suum vomitum,* (2ᵉ ép. de S. Pierre, ch. 2, verset 12) !!!

Quelle injure ! quelle ignominie ! L'Empire ! ce régime qui a assassiné la patrie, — qui a répandu partout, en Europe, des principes de ruine et de mort, qui a renouvelé et accompli, *autant que possible,* contre le Catholicisme l'infernale machination des encyclopédistes et des révolutionnaires, disant sans cesse : « *écrasons l'infâme !!!* »

Oh non, mille fois non ! Il faut qu'elle en sorte à tout prix, — par la souveraine et péremptoire raison que la France, cette grande malade, presque agonisante, ne peut attendre, ni sept années, ni sept mois, ni sept semaines, le seul, l'unique remède qui doit la guérir !

Or, au point de vue humain, il n'y a plus qu'un moyen, UN SEUL ! pour sortir *pacifiquement* de cette impasse : pourquoi ne le dirions-nous pas, — pourquoi, tout obscur et ignoré que nous sommes, ne proclamerions-nous pas, une fois de plus, ce que, fermement et consciencieusement, nous croyons être la vérité et le salut ?

Ce moyen nous l'avons exposé dans l'adresse que nous reproduisons ci-après et que nous avons osé mettre aux pieds de M. le Président, Chef du pouvoir exécutif, dans les premiers jours de janvier dernier.

Il dépend de sa TOUTE-PUISSANTE (1)

---

(1) Nous entendons parler tous les jours de l'*effrayante* responsabilité qui pèse sur la tête de M. le maréchal de Mac-Mahon !

Nous concevons qu'elle excèderait de beaucoup ses forces, — [comme elle excédait celles de M. Thiers, comme elle excèderait initiative de rendre le décret que nous sollicitons ; il appartient à la Droite légitimiste, et nous la supplions, dans notre impuissance, de le demander elle-même : bien profondément convaincu que nous sommes que le salut du pays sortira de cette mesure, — pour peu que la loi électorale que l'on se prépare à voter contienne de véritables améliorations (1). —

eelles de *tout autre* !] — et — nous affirmons qu'il en serait infailliblement écrasé, si à ce noble cœur il manquait le sentiment de la VRAIE FOI MONARCHIQUE , — c'est-à-dire précisément ce sentiment en considération duquel il a été élu, dans la nuit du 24 mai dernier ; — mais si, comme on l'a cru alors, et comme nous osons le croire encore très-fermement, le vaillant homme de guerre, auquel il a plu à la divine Providence de confier la soin de nous sauver, aime DIEU ET LE ROI, rien ne lui sera plus facile que l'accomplissement de cette grande mission : *il n'a qu'à le vouloir résolûment !*

(1) La plus capitale, — La plus EFFICACE, — la plus décisive de ces améliorations [qu'on daigne, une bonne fois , y réfléchir], sera celle de rendre le VOTE OBLIGATOIRE : c'est démontré par le résultat de presque toutes les élections ; dans Vaucluse, pour ne citer que cet exemple, M. de Biliotti aurait été nommé, le 1er mars dernier , *si le vote eût été obligatoire.* Ceci ne saurait être sérieusement contesté.

Au surplus, suivant la pensée, si juste de M. de Genoude, *le suffrage universel* SANS LE ROI, *sans l'inspiration royale, sera toujours un danger terrible, un principe de mort pour notre nation....* — Aussi ne voulons-nous point que l'INSPIRATION ROYALE soit absente dans l'initiative du décret que nous sollicitons !!!

Et puis, ce décret sera déjà un acte d'éclatante réparation, qui, avec les prières publiques et privées, dont il sera le très-solennel signal, nous ouvrira certainement le trésor des bénédictions divines, dont nous avons si grand besoin, car : *nisi Dominus œdificaverit domum, in vanum laboraverunt qui œdificant eam.*

ADRESSE

A S. Excellence Monsieur le Maréchal DE MAC-MAHON

CHEF DU POUVOIR EXÉCUTIF.

Excellence,

« Ils auraient le parti-pris de nier ce qui est incontestable et manifeste, ceux qui ne reconnaîtraient point que la cause première de nos humiliations et de nos désastres a été la criminelle confiscation de ce qu'il faut appeler notre *droit national*, — c'est-à-dire de notre vraie et naturelle constitution, — par cette même Assemblée qui, lors du dépouillement des cahiers, en 1789, l'avait UNANIMEMENT proclamée ; ils seraient donc bien cou-

pables, les hommes d'Etat, qui s'obstineraient
à nous retenir en dehors de cette constitution
et à vouloir continuer ce que l'on a appelé
l'*essai loyal,* et ce qui n'est plus, après tant
de démonstrations frappantes et providentiel-
les, — après tant d'épreuves, de plus en plus
péremptoires et décisives, qu'une amère et criminelle dérision pour la malheureuse France,
prise ainsi pour la brute, sur laquelle on es-
saierait la force d'un poison :

« *Faciamus experimentum in animâ vili.*

« Oui, Monsieur le Président, ces hommes
s'exposeraient à des déceptions cruelles, autant que prochaines, et, par-dessus tout, aux
plus terribles jugements de l'histoire !

« Oui, Monsieur le Président, il est URGENT
de sortir d'une situation qui ne peut que s'ag-
graver chaque jour davantage, — parce que,
malgré les meilleures intentions de votre gouvernement et par la plus invincible force des
choses, elle entretient et alimente les plus af-
freuses convoitises de nos ennemis intérieurs
et extérieurs, — parce qu'elle nous laisse iso-
lés en Europe, sans alliances, exposés et en
butte à toutes les humiliations, — parce
qu'elle nous rapproche fatalement et de jour

en jour davantage de l'heure de notre suprême et irrémédiable décadence ; étrange situation, — horrible impasse de laquelle il ne
serait plus possible bientôt, même aux plus
illustres et aux plus loyaux, de sortir sans
honte et sans déshonneur !... ce sera la dernière
œuvre des habiles, — mais aussi la plus pro-
digieuse, à force d'aveuglement, à force d'en-
durcissement et d'audace dans la voie révolutionnaire, — mais en même temps et par
cela même la plus capable de maintenir sur
nos têtes le poids de la malédiction divine, et
de nous attirer de nouveaux et suprêmes châ-
timents !...

« Plein de confiance, Monsieur le Président,
en votre magnanimité, l'auteur de ces lignes
a le courage, tout petit qu'il est, de déclarer
ici devant Votre Excellence ce qu'il croit fermement et consciencieusement être la vérité :
il se souvient avoir ouï dire qu'une cité tout
entière a été, dans le temps, sauvée de l'in-
cendie, parce qu'on daigna faire attention à
la voix d'un pauvre diable qui cria : *Au feu !*

» Et c'est pourquoi, Monsieur le Président,
le soussigné, — se faisant d'ailleurs l'écho fi-
dèle d'un grand nombre d'honnêtes gens, dé-

voués aux vrais principes, — seuls capables de sauver la patrie expirante sous les coups de la RÉVOLUTION, — ose venir soumettre à Votre Excellence le projet de Décret suivant, qui, avec le providentiel secours de la loi des maires, et de la réforme électorale qui se prépare, sera, *très-certainement*, un moyen de salut.

« Animé des sentiments les plus patriotiques et les plus sincères, le soussigné a l'honneur d'être,

Monsieur le Président,

De Votre Excellence,

le très-dévoué et très-respectueux serviteur,

P.

Mazan, le   janvier 1874. »

PROJET DE DÉCRET.

Le Maréchal-Président, Chef du pouvoir exécutif,

Considérant qu'il a mission, de Dieu et de l'Assemblée nationale, de sauver la France, et qu'il doit, à tout prix et par tous les moyens possibles, travailler à l'arracher aux extrêmes périls qui la menacent à cette heure ;

Considérant qu'il importe, à cette fin, que la Nation elle-même soit consultée et lui vienne en aide pour conjurer ces périls ;

« A décrété et décrète ce qui suit :

« Art. 1er. — Il sera tenu ouvert, dans toutes les municipalités et communes de France, de neuf heures du matin à cinq heu du soir, et pendant trois jours, à partir du   , un registre sur lequel tous les citoyens français, inscrits sur la liste électorale, seront appelés, par voie de publication et d'affiches, à venir déclarer, par OUI ou par NON :

« Si le moment est arrivé de proclamer
» les principes de constitution qui furent
» UNANIMEMENT adoptés par l'Assemblée
» nationale de 1789, lors du dépouillement
» des cahiers ? »

« Art. 2. — Le libellé de ces principes, ré-
sumés en 11 articles, restera affiché, huit
jours à l'avance, dans la salle principale et à
la porte de chaque mairie.

« Art. 3. — Une commission de trois mem-
bres du Conseil municipal (le maire ou un
adjoint, et les deux plus imposés des conseillers municipaux) sera chargée de recevoir ces
votes, de les viser et arrêter jour par jour sur
le susdit registre.

« Art. 4. — Le dépouillement de ces suf-
frages, ainsi exprimés, sera fait par le maire,
ou un adjoint, assisté d'une commission com-
posée de six conseillers municipaux, des premiers inscrits sur la liste ; — le procès-verbal
en sera dressé et transcrit à la suite dudit registre, lequel restera aux archives communa-
les, à titre de dépôt public, et il sera de suite
expédié au préfet, qui le transmettra immé-
diatement au ministre de l'intérieur.

« Art. 5. — Il sera, sans retard, fait rapport, par le ministre ou le secrétaire d'Etat, à l'Assemblée nationale du dépouillement général de ce Plébiscite ou vote solennel.

« ART. 6. — Le même ministre demeure chargé de l'exécution de ce présent décret.

« Donné à Versailles, le   1874. »

———————

Suivent les 11 articles de cette vraie et naturelle constitution de la France, UNANIMEMENT reconnue et proclamée par les députés de 1789, lors du dépouillement des cahiers.

« ART. 1er. Le gouvernement de France est une monarchie.

ART. 2. La personne du Roi est inviolable et sacrée.

« ATR. 3. La couronne est héréditaire, de mâle en mâle, et par ordre de primogéniture, dans la famille de Louis XVI.

« ART. 4. Le roi est le dépositaire du pouvoir exécutif.

« ART. 5. Les agents de l'autorité sont responsables.

« ART. 6. La sanction royale est nécessaire pour la promulgation des lois.

« Art. 7. La Nation fait les lois, avec la sanction du Roi.

« Art. 8. Le consentement national est nécessaire à l'emprunt et à l'impôt.

Art. 9. L'impôt n'est accordé que d'une tenue des Etats généraux à l'autre.

Art. 10. La propriété sera sacrée.

Art. 11. La liberté individuelle sera sacrée.

—

On le voit, un pareil décret s'inspirerait de la pensée Royale, en mettant la France en demeure de parler, d'opérer elle-même son salut, — par un vote public qui ne sera, après tout, que cet ACTE DE FOI ET D'AMENDE HONORABLE qui, SEUL, avec l'aide de la miséricorde divine, peut et doit nous remettre dans la voie droite.

Ce décret serait d'ailleurs éminemment équitable et juste, autant que conforme au plan divin ; car, il est écrit : « Cherchez d'a-
» bord le règne de Dieu et sa justice, et tout
» le reste vous sera donné par surcroît. »

Bien plus encore que les individus, les nations vivent de vérité et de foi, se sauvent par la vérité et par la foi, — FOI RELIGIEUSE ET FOI PRATIQUE. Oui, c'est la foi qui gagne les batailles, — c'est la foi qui fait toutes les grandes choses, — c'est la foi, et la foi SEULE qui nous relèvera ! *fides tua te salvam fecit.*

Mazan, 12 mai 1874.

PEYRON,

PRÉSIDENT DE LA CHAMBRE DES NOTAIRES

(Arrond. de Carpentras).

CARPENTRAS. — IMPRIMRIE P. PRIÈRE.